BEI GRIN MACHT SICH IHR WISSEN BEZAHLT

- Wir veröffentlichen Ihre Hausarbeit,
  Bachelor- und Masterarbeit

- Ihr eigenes eBook und Buch -
  weltweit in allen wichtigen Shops

- Verdienen Sie an jedem Verkauf

Jetzt bei www.GRIN.com hochladen und kostenlos publizieren

Sigrid Eckold

Vereinzelung und Sprachlosigkeit als grundlegendes Moment in Gertrud Kolmars Roman „Die jüdische Mutter"

GRIN Verlag

Bibliografische Information der Deutschen Nationalbibliothek:

Die Deutsche Bibliothek verzeichnet diese Publikation in der Deutschen National-
bibliografie; detaillierte bibliografische Daten sind im Internet über http://dnb.d-
nb.de/ abrufbar.

Dieses Werk sowie alle darin enthaltenen einzelnen Beiträge und Abbildungen
sind urheberrechtlich geschützt. Jede Verwertung, die nicht ausdrücklich vom
Urheberrechtsschutz zugelassen ist, bedarf der vorherigen Zustimmung des Verla-
ges. Das gilt insbesondere für Vervielfältigungen, Bearbeitungen, Übersetzungen,
Mikroverfilmungen, Auswertungen durch Datenbanken und für die Einspeicherung
und Verarbeitung in elektronische Systeme. Alle Rechte, auch die des auszugsweisen
Nachdrucks, der fotomechanischen Wiedergabe (einschließlich Mikrokopie) sowie
der Auswertung durch Datenbanken oder ähnliche Einrichtungen, vorbehalten.

Impressum:

Copyright © 1994 GRIN Verlag, Open Publishing GmbH
Druck und Bindung: Books on Demand GmbH, Norderstedt Germany
ISBN: 978-3-656-00143-0

Dieses Buch bei GRIN:

http://www.grin.com/de/e-book/177747/vereinzelung-und-sprachlosigkeit-als-
grundlegendes-moment-in-gertrud-kolmars

GRIN - Your knowledge has value

Der GRIN Verlag publiziert seit 1998 wissenschaftliche Arbeiten von Studenten, Hochschullehrern und anderen Akademikern als eBook und gedrucktes Buch. Die Verlagswebsite www.grin.com ist die ideale Plattform zur Veröffentlichung von Hausarbeiten, Abschlussarbeiten, wissenschaftlichen Aufsätzen, Dissertationen und Fachbüchern.

Besuchen Sie uns im Internet:

http://www.grin.com/

http://www.facebook.com/grincom

http://www.twitter.com/grin_com

Referat im Hauptseminar:
„Die jüdische Mutter" (1939/1931) , Roman von Gertrud Kolmar (1894-1943)
Note 1,0
27. Juni 1994

Vereinzelung und Sprachlosigkeit als grundlegendes Moment in Gertrud Kolmars Roman „Die jüdische Mutter"

"...und hatte dies starr geschlossene, abweisende Gesicht nicht bloß dann, wenn einer im Hausflur, vorm Laden mit ihr ins Gespräch kommen wollte. Ob sie mit ihrem Lose, mit ihrer Arbeit zufrieden sei, fragte und wusste niemand; sie fegte wortkarg die Stuben, saß an der Nähmaschine, vertrieb ihre freie Zeit mit einem Buch oder ging ein, zwei Stunden ganz allein durch entferntere Straßen spazieren."(S. 14)

Diese erzählerische Rückblende auf die Jugend der Hauptfigur im zweiten Kapitel des ersten Teils der Erzählung etabliert nach vorangegangenen Hinweisen im ersten Kapitel ein in der Handlung wiederkehrendes Motiv: Das Schweigen, die Sprachlosigkeit, als Ausdruck des in sich verschlossenen Charakters der Hauptfigur. Im Beziehungsgeflecht der Figur Marthas zu Ehemann, Kind, Geliebten und anderen Menschen, erscheint immer wieder ihre Unfähigkeit, sich aus ihrem Inneren und ihrem subjektivistischen Blickpunkt zu lösen. Dies kristallisiert sich als Ursache ihres Scheiterns in ihrer Existenz heraus, wie ich im Verlauf dieser Analyse versuche, aufzuzeigen.

Die Erzählinstanz der Handlung lässt den Leser über den Grund von Marthas strengem Wesen und über ihr Schweigen im Unklaren. Vereinzelte Hinweise auf die Kindheit - der erwähnte frühe Tod der älteren Schwester Regina und anderer Geschwister, der aber nur durch den Ausdruck "jüngstes und letztüberlebendes Kind der Eltern" vermutet werden kann - lassen keine schlüssigen Erklärungen für Marthas Verschlossenheit zu. Erlebnisse, die dazu geführt haben könnten, kann der Leser nur erahnen.

Die Sprachlosigkeit Marthas ist eine ausschließlich äußere Sprachlosigkeit. Erzähltechnisch zeigt sich dies in der Handlung in Dialogen, die kaum von ihren Sprechakten getragen sind; in Opposition dazu aber in vielen inneren Monologen und erlebter Rede. Kompensiert wird ihre Verschlossenheit und nach außen wirkende Gefühlskälte jedoch durch eine poetische Sensibilität, die erzählerisch aus Marthas Perspektive Landschaftsbilder, Tiere und Stimmungen beschreibt. Die erzählende Instanz und Martha haben gleichermaßen poetische Sensibilität, und die Analogie ihrer Sprache lässt in diesem Bereich auf eine Identifikation von Erzählerin und personalem Medium schließen.

Zwei Beispiele, um diese Aussage zu belegen, finden wir in der Einleitung des ersten Kapitels, die aus der Erzählperspektive geschrieben ist, und der im folgenden zitierten Schilderung aus Marthas Blickpunkt:

"Jahrelang kam sie nun heim, stets wieder hingenommen von diesem, was sie zum ersten Male betroffen, als sie die Gasse und hinter der Mauer das schweigsame Haus entdeckt,....Dies war ein Klösterliches, der Friede, die Abgewandtheit, Abseitigkeit eines Stifts, etwas Träumendes, etwas Vergangenes,... Solche Häuser liegen immer im Abend, und leise spiegeln die blassen Scheiben verschwelendes Untergangsrot." (S.(8/9).

Und ein Beispiel einer Tierbeschreibung aus Marthas Sicht:
"Den Kondor wollte sie grüßen. Denn sie liebte den wunderbaren Vogel, der von allen in höchste Einsamkeit dringt, in eisesklare, schweigendste Luft, den Vogel der Sonnenmeere.... Er war gefangen hier, arm und fremd, und hockte, im kleinen, rötlichen Blick die frostige Trübseligkeit des Verbannten. Des Welkenden." (S.90).

Der Leser, der Einblick in Marthas Bewusstsein erhält, erkennt ihren inneren Sprachreichtum und ihre scharfe Beobachtungsgabe. Ihre poetischen Schilderungen der Umgebung sind aber auch Ausdruck ihres Wesens: Worauf ihr Auge fällt, was ihre Aufmerksamkeit fesselt und vor allem, wie sich die Dinge für sie darstellen, das beschreibt auch ihren Charakter.

In der Erzählung wird die Person Marthas nicht nur aus deren Innenperspektive definiert. Die erzählende Instanz vermittelt durch Außenperspektiven dem Leser immer wieder kritische Distanz zur Hauptfigur. Das Schweigen Marthas ist aus dem Blickpunkt einiger sie umgebenden Menschen Ausdruck ihrer Fremdheit, Andersartigkeit und wird von diesen mit Gefühlskälte und Härte gleichgesetzt. Der "alte Wolg", der gegen die Heirat seines Sohnes mit Martha ist, bezeichnet sie als "Trauerlappen", als "kalt". Ihre Strenge werde sie hindern, "dem Manne Kameradin und Freundin zu sein". (S.15). Ihr Wesen wird vom Vater ihres zukünftigen Ehemannes zudem mit ihrer jüdischen Herkunft begründet: "Alttestamentarisch sieht sie schon aus... Jerusalem am Nordpol." Jüdisch, herb und schweigsam scheinen synonymisch verwendet. Aus dem Blickpunkt Friedrich Wolgs - Marthas Verehrer - lässt die Erzählerin ihre ruhige Art zu Beginn ihrer Beziehung vorteilhaft zu einigen durcheinander-schwätzenden Damen kontrastieren.

Die Beobachtungen des alten Wolg scheinen jedoch nicht völlig unbegründet. Friedrich Wolg, Marthas junger Ehemann, ist bald enttäuscht, denn Martha kann Nähe nur in der körperlichen Umarmung zulassen. "Ihr Wesen, das er bei Tage kannte, bedrückte und langweilte ihn". Die erzählende Instanz, die in einem Perspektivenwechsel hinter Friedrich Wolg als personales Medium zurücktritt, zeigt dem Leser, dass Marthas Sprachlosigkeit von ihm als Zeichen ihres Desinteresses an seiner Person interpretiert wird. Diese Verweigerung ihrerseits treibt ihn aus ihrem Leben. Die Erzählerin benutzt Friedrich Wolgs Blickpunkt, den er in der Aussage mit der der Figur des Vaters zusammenfallen lässt, um Marthas Wirkung auf andere darzustellen: "Es war ein Seltsames da, ein Fremdes, etwas ... er suchte den Namen dafür. Dies vielleicht, dass sie aus anderem Blut, dass sie Jüdin war". Hier setzt die Erzählerin erneut das Fremde ihrer Figur mit dem jüdischen Glauben gleich.

Fremdheit des Wesens in der Gleichsetzung mit Fremdheit des Glaubens ist auch an anderen Stellen der Erzählung wiederzufinden. In der Begegnung mit dem Rechtsanwalt beispielsweise, in welcher Martha ihre Rachepläne damit rechtfertigt, dass sie Jüdin ist und von ihr deshalb keine christliche, und damit implizierend - keine vernünftige Reaktion zu erwarten sei. Inwiefern hier eine Identität hergestellt ist zwischen Erzählinstanz und personalem Medium, bzw. der Reflektorfigur wäre zu prüfen; auch ob diese Haltung das Judentum nicht eher negativ konnotiert.

In der Erzählhandlung wird denn auch gezeigt, dass Marthas Sprachlosigkeit immer dann aufbricht, wenn es um ihre Grundüberzeugungen geht. Im ersten Streit mit ihrem Ehemann, in dem es um die Taufe des Kindes geht, drängt eine Bedrohung an die Oberfläche, die aus der Perspektive Friedrichs dem Leser unheilvoll verkündet: "Sie ist imstande und tötet das Kind; das ist eine Medea!".

Als das gemeinsame Kind geboren ist, wird mit außenperspektivischem Blick anderer personaler Medien in einer Sprache mit Tiermetaphern dargestellt, dass das Schweigen der Hauptfigur nur mühsam ihre ungestüme Wesensart verschleiert: nach Aussage der Schwiegereltern stürzte sich Martha auf das Kind "einer hungrigen Wölfin gleich", Friedrich sieht Martha als "eine Wilde jetzt, die er gewaltsam im Käfig hielt, die nur trachtete, auszubrechen", ihren Blick empfindet er als fremd und unheimlich flackernd, "wie eine Tiermutter, die um ihr Junges zittert" (S.18).

Diese von der Erzählinstanz hier in kritischer Distanz dargestellte symbiotische Beziehung Marthas zu ihrem Kind ist Dreh- und Angelpunkt der Handlung. Auf der Suche nach dem dann vermissten Kind bewirken Marthas Angst und ihre verschlossene Wesensart einen verengten Blick auf eine sich ihr dadurch feindlich darstellende Welt, die von der Erzählerin allerdings geteilt zu scheint: "die niedrige, vollgepferchte Küchenstube, düster von den vergitterten Fenstern - die sich darin befindende Frau mit ihren Töchtern, die flätzig und plump und breit die Eindringlinge musterten und in deren rohen Zügen unklar zu lesen war: Macht die ein Gewese um ihre Göre!" Der in dieser Szene erzählerische Blickwinkel und der mit der Reflektorfigur Marthas identische zeigen, dass in diesem Vorstadt- und Laubenkoloniemilieu ein verlorenes Kind nicht allzu viel Bedeutung hat. In der Milieuschilderung scheint auch eine gehörige Portion Sozialkritik zum Ausdruck gebracht, die man noch näher untersuchen könnte.

In diesen dramatisch und emotional beschriebenen Szenen der Suche nach dem Kind wird dem Leser Marthas Bewusstsein in seiner Verschlossenheit gezeigt: Sie spricht nur zu sich selbst, die Gedanken kreisen. Von der Erzählerin wird ihr Entschluss, nicht zur Polizei zu gehen, um ihr Kind suchen zu lassen, in erlebter Rede und innerem Monolog ausgedrückt: "Trag ich mein Kind auf die Polizei, so heißt das: ich gebe es verloren" (S.25). In der Erzählhandlung ereilt sie einen Tag später jedoch die Ahnung, dass sie sofort die Kriminalpolizei hätte "aufhetzen müssen" (S.35). Es klingt an, dass sie in ihrem subjektiv gefassten Entschluss eine falsche Entscheidung getroffen hat. Sie überwindet sich zwar, und spricht viele Menschen an, um nach ihrem Kind zu fragen, aber sie kann nur "tasten, die Hand ausstrecken" (S.25). Damit lässt die erzählende Instanz den Leser wissen, will heißen, im Leser die Idee wecken, dass sie vielleicht die Menschen hätte bitten können, mit ihr zu kommen, um gemeinsam das Kind zu suchen. Dies ist eine der Stellen der Erzählhandlung, die zeigt, dass Martha ihr Inneres nicht überschreitet, nicht überschreiten kann. Nur unter dem Druck der Verzweiflung kann sie kommunizieren, aber dann wirkt sie noch fremder und abstoßender auf andere. Die Außenperspektive, in die die Erzählerin am Ende des dritten Kapitels des ersten Teils wechselt, zeigt Martha als "eine stammelnde Irre".

Dann lässt die erzählende Instanz im Bewusstsein der Hauptfigur aus der Verzweiflung die Erkenntnis aufflackern, dass sie zu "oft starr und fest" gewesen ist (S.30). Die weitere Erzählhandlung zeigt jedoch, dass der Charakter den Schritt von der Erkenntnis zur Änderung der Verhaltensweise nicht leisten kann.

Das vergewaltigte Kind in seinem physischen und psychischen Schaden ist das auslösende Moment, um Martha tiefer in ihre eigene, verschlossene Welt hineinzustoßen. Martha lehnt jeden Beistand ab. Die Erzählerin tritt aber hier in Erscheinung, um eine Distanz zwischen sich und der Reaktion der Hauptfigur zu schaffen. Als Martha einen Brief der Schwiegereltern zerreißt und ihnen unterstellt, dass ihr Mitgefühl nicht allzu groß sein konnte, wertet sie: "Sie urteilte ungerecht", und zeigt dann ihre in Ansätzen krankhafte Beziehung zu ihrem Kind und der Außenwelt: "Denn ihr war, als verschenke sie schon ihr Kind, wenn sie nur dies Leid, das sie um es trug, mit anderen Menschen teilte."
"Ich bin anders", lässt sie Martha sagen, den Zuspruch und die Hilfe ihrer Arbeitgeberin ablehnend, "ich kann nicht mit Menschen darüber reden. Ich muss ganz einsam sein. Ich muss das alleine tragen... das alles... für mich." Marthas Solipsismus - sie ist die Welt und sie beurteilt die Welt nur aus ihrer Perspektive - ist damit das erste Mal von der Figur deutlich ausgesprochen. Ihre Sprachlosigkeit ist in ihr angelegt, will aber von ihr auch nicht überwunden werden. Noch nicht.

Als Stilmittel, um dem Leser Marthas Innenwelt näher zu bringen, wird Marthas Erinnerung eingeblendet, das sie an ein exhibitionistisches Erlebnis als Kind hatte, und ein langes Jahr nicht überwinden konnte. Diese Episode führt dazu, in ihrem Bewusstsein die Gewissheit zu entwickeln, dass auch ihre Tochter die ihr widerfahrene Vergewaltigung, weder physisch und psychisch nicht verkraften wird, ähnlich wie es ihr selbst mit ihrem Kindheitserlebnis ergangen ist. Einige vage Äußerungen des Krankenhauspersonals über den schlechten Zustand ihrer Tochter , der Bettnachbarin und nicht zuletzt die offensichtliche Schockstarre ihres Kindes lassen sie den furchtbaren Entschluss fassen, ihr Kind zu töten: "Wenn man sein Kind sehr lieb hat, dann kann man alles. Man kann sich von ihm ermorden lassen. Man kann es auch töten", lässt die Erzählerin sie in einem Gespräch zu ihrem Mann sagen, ausgelöst durch die erzähltechnisch epische Integration eines Zeitungsartikels über einen von seiner Mutter wegen Abartigkeit getöteten Jungen (S.57).

Aus Marthas Blickpunkt wird dem Leser vorgeführt, dass sie keinen Versuch unternimmt, den zuständigen Arzt zu sprechen, um ein ärztliches Bulletin einzuholen über den wahren Zustand ihrer Tochter , sowie ihre physischen und psychischen Heilungschancen. Sie schließt alleinig aus ihrer subjektiven Wirklichkeit, die die objektive Wirklichkeit so weit überlagert, dass sie zu einer rationalen Entscheidung nicht fähig ist.

Dann zeigt die Erzählerin wieder mit dem Stilmittel des inneren Monologes, dass in Marthas Bewusstsein kurz - in der Hoffnung, dass man sie und ihre Tötungsabsicht doch entdecken möge und ihre Tat verhindere - eine Ahnung aufkeimt, dass sie vielleicht Unrecht tun könnte. Aber sie führt dennoch entschlossen ihren einsam gefassten Entschluss aus. In fast lakonischem Ton, der die Grausamkeit der Tat in noch schärferem Licht erscheinen lässt, beschreibt die erzählende Instanz, wie Martha sich, nachdem sie der Tochter die tödliche Medizin eingeflößt hat, wie ein getadeltes Schulmädchen von der Krankenschwester nach Hause schicken lässt, weil sie sich nicht an die Besuchszeiten gehalten hatte. Mit Hilfe dieser Episode zeigt die Erzählerin die Ambivalenz des Charakters: Einerseits fasst sie ganz allein einen so weittragenden, ein Leben vernichtenden Entschluss - andererseits wirkt sie wie hypnotisiert, wenn ihr mit Autoriät begegnet wird, und lässt es zu, dass sie ihr Kind, dem sie gerade den tödlichen Trank eingeflößt hat, im Sterben allein lässt.

In dem Bild eines sterbenden Schmetterlings wird Marthas Motivation für die Tat später noch einmal aufgegriffen: "Der Schmetterling war es, gefaltet und todesschwach...Eine Schwermut, weinende Stille quoll in seinen samtenen Augen. Er zitterte leise. Das ist das Letzte, glaubte Martha, wenn er stirbt, soll er draußen sterben.... Sie schob ihn hinaus auf das Sims". Der Schmetterling erholt sich jedoch und flattert davon, wenn auch nur für eine Stunde, denn die Kälte wird ihn dann doch töten. Die erzählerische Instanz benutzt den Ausdruck "Das ist das Letzte, glaubte Martha... „ Das kann als ein Hinweis auf den ausnahmslos subjektiven Standpunkt Marthas gedeutet werden: Sie g l a u b t e, dass er sowieso verenden müsse, darum beschloss sie, dass es so, wie sie es für richtig hielt, das Beste für ihn sei.

Auch in ihren Liebesbeziehungen wird dem Leser gezeigt, dass immer ihrer subjektiven damit sehr egozentrischen Wirklichkeit entsprochen werden musste: Sie verwehrte ihrem Ehemann den Wunsch nach einer christlichen Taufe des Kindes. Und in ihrem Entschluss, den Freund ihres verstorbenen Mannes zu ihrem Geliebten zu machen, ist ihr Hauptantrieb, ihn für ihre Zwecke zu benutzen. Die erzählende Instanz entfernt sich an diesem Punkt der Handlung noch einmal emotional deutlich von ihr, wenn sie schreibt: "Sie (Martha) dachte brutal: Heut Abend oder gleich jetzt nachmittags soll er in meinem Bette sein". Aus Marthas Perspektive wird auch der Vergewaltiger ihrer Tochter immer mit "Mörder" betitelt. Er allein ist für verantwortlich für den Tod der Tochter. Martha selbst hat keine Verantwortung.

In einer Szene mit ihrem Rechtsanwalt wird ihre für jede vermeintliche Verletzung empfängliche Übersensibilisierung deutlich: "Martha war stärker betroffen. Sie hatte, sicherlich ohne Grund, vorausgesetzt, dass er (der Rechtsanwalt) die kurze Meldung unter "Vermischtes" gelesen und nicht vergessen hatte, und fühlte, sie erkannte es kaum, dass etwas Sanfteres, Warmes in ihr sich wie unter einem dünnen Wehen kühlte und härtete. Mit sparsamen Worten gab sie Bescheid.." Martha hatte sich eine Vorstellung gemacht, die der Wirklichkeit nicht entsprach. Ihr einziger Schutz ist, sich in sich zurückzuziehen. Dass diese Emotionalität aber Irrationalität Vorschub leistet, beschreibt der dann folgende Dialog mit dem Rechtsanwalt. Nur nach außen zeigt Martha sich vernünftig, ihr Inneres hält ihre Rache- und Mordgedanken aufrecht im Glauben, dass sie im Recht sei (S.99). "Das aber verriet sie nicht", lässt die erzählende Instanz den Leser wissen.

Die objektive Wirklichkeit der Martha umgebenden Welt scheint vor ihrem subjektiven, sich immer mehr nach außen abgrenzenden Blickpunkt weiter und weiter zu verschwinden. Die Erzählhandlung, die sich aus der Eigenart des Charakters scheinbar wie von selbst entwickelt, zeigt, dass sich die Anzeichen eines wachsenden Wirklichkeitsverlustes in Marthas Bewusstsein häufen: Die Polizisten verschleppen in ihren Augen den Fall, weil sie kein echtes Interesse an der Klärung haben und nur mit ausreichender Entlohnung bereit wären, das "Untier" zu finden. Plötzlich sieht sie ihre Tochter in einer jungen Frau mit einem älteren Mann und folgt "vernunftlos" beiden durch den Tierpark, wird dann aber von der Vorstellung ihrer Tochter als erwachsene Frau überwältigt, bis der Erzähler sie in erlebter Rede bemerken lässt: "Sie verlor sich doch ganz. Wo war Sie? im Zoologischen Garten; sie starrte furchtsam umher..." (S.90). Dann eine Szene in einer Tanzdiele, als sie befürchtet, vom Mann ihr gegenüber angegriffen zu werden, und sich deshalb kampfbereit macht. Dieser will sie jedoch nur zum Tanzen auffordern. Ihr Verhalten ihm gegenüber zeigt ihre fast pathologische Fehlinterpretation äußerer Vorgänge.

In der Beziehung zu Albert, Marthas Geliebten, wird von der Erzählerin dann eine Kontrastierung der unterschiedlichen Blickpunkte ermöglicht. Marthas solipsistische Perspektive, die sich ausschließlich mit ihren Wünschen und Erinnerungen beschäftigt, wird durch die Figur Alberts, der sich ihr widersetzt, in ein wenig vorteilhaftes Licht gesetzt. Die mangelnde Sensibilität Marthas für Alberts Gefühle und unausgesprochene Vorstellungen führen in der Erzählhandlung zum Bruch in der Liebesbeziehung. In einer Szene, in der Martha von Albert zu einer Abendgesellschaft eingeladen wird, demonstriert die erzählerische Instanz Marthas feindselige Haltung anderen Menschen gegenüber und bezieht damit wieder kritische Distanz zu ihrer selbstgeschaffenen Figur: "Martha höhnte: "Seine Frau lädt mich ein? Eine gutbürgerliche Dame? Sie will wohl zeigen, wie vorurteilsfrei und flott und modern sie sich gibt?" Alberts Antwort darauf spricht für sich: "Du irrst dich. Bevor Fehlandt sie heiratete, war sie seine Geliebte. Schauspielerin." (S.122/123).

Die Abendgesellschaft ist eine erzählerische Episode, die ebenfalls Gelegenheit gibt, Marthas Wirkung auf ihre Umgebung und ihre innere, verengte Perspektive der Wirklichkeit zu verdeutlichen. Sie wird von einem jungen Mädchen mit einem Kunstwerk aus Porzellan verglichen, einem an sich hässlichen Elch. Das Mädchen rechtfertigt ihre Taktlosigkeit, indem sie darauf hinweist, dass der reale Elch etwas Märchenhaftes, etwas ungeheuer Wildes und Fremdes an sich habe. Martha kann nicht anders, als ihr rechtzugeben, denn mit dieser Beschreibung kann sie sich identifizieren - und wie es scheint, die Erzählinstanz auch.

Die Fokussierung der Aufmerksamkeit des Lesers auf das Thema der Kindstötung durch den episodischen Auftritt in der Nebenfigur der Gastgeberin ist auch eine Möglichkeit in der Erzählhandlung, erneut die subjektivistische, sich abgrenzende Haltung der Hauptfigur deutlich herauszuheben. In einer Passage erlebter Rede wird ihre aggressive, feindselige Einstellung vorgeführt. Ein Satz daraus: "Mein Kind ist, Gnädigste, nicht dazu da, für Ihre Unterhaltung zu sorgen. Wenn Sie sich langweilen, schaffen Sie sich ein paar neue Verehrer an" (S. 128).

Dann wird die Bewegung in der Erzählhandlung durch den Betrug Marthas durch ihren Geliebten vorangetrieben. Der Leser kann nachvollziehen, wie dieser drohende Verlust Marthas Rationalität immer mehr zum Wanken bringt. Sie, die alles berechnete und plante, sieht Albert und damit die Sache, die er für sie in Angriff nehmen sollte - den Vergewaltiger ihrer Tochter aufzuspüren -

verloren. Scheinbar kalt und unbeteiligt beendet sie in einem inneren Monolog die Beziehung. Aus der Erzählerperspektive aber wird entlarvt, dass die Figur sich ihres erneuten Verlustes noch nicht bewusst geworden ist, wenn auch ihr Unterbewusstsein längst davon weiß: "Er kann gehn, meinetwegen", sagte sie laut, wie um den Gedanken vor sich selbst zu behaupten. Was sie nicht wusste: sie seufzte" (S.134).

Die folgende Szene, in der Martha durch ein Bildnis ihrer Tochter das durch den drohenden Verlust des Geliebten entstandene Vakuum ihrer Gefühlswelt füllen möchte, dient der Erzählerin, Marthas Egozentrik unter einem anderen Gesichtspunkt zu beleuchten. Sie hatte das Bild seit dem Tod ihrer Tochter nicht angeschaut, um das Bild des gemarterten Kindes, "das doch immer in ihr war und lebte" von dem glatten Abdruck der Photographie nicht in sich auslöschen zu lassen. Die von ihr erhoffte Gefühlsaufwallung tritt aber nicht ein. Und die in ihr entstandene Lücke in ihrer Gefühlswelt schließt sich nicht: "Es war nicht gekommen, was sie so innig erharrt. Dies Knien. Versinken vor totem Glück, dies Ansichpressen, Ergriffensein von einer brennenden Welle. Dies Überflutetwerden. Nein. Sie war nicht erschüttert. Sie weinte nicht..." (S.137).

Was bedeutet der Geliebte für Martha? Erfüllung ihrer körperlichen Lust, Mittel zum Zweck ihres Rachemotivs? Was bedeutet das lebende und das tote Kind für Martha? Sowohl das lebende wie das tote Glück werden als Besitz angesehen. Ursa -mein Kind steht auf dem Grabstein! In der Schlusszene des Romans steht in Bezug auf das Kind "meins!" Totes Glück - Überflutetwerden - wenn nicht von Glücksgefühlen, dann von Qual, um wenigstens etwas zu fühlen? Das alles ist kein Geben, nur Nehmen, Empfangen. Martha findet sich wieder allein - ohne zu erkennen, dass ihr Rückzug in sich selbst, ihre Verkapselung nach außen, ihre Sprachlosigkeit und damit auch mangelnde Teilnahme an anderen auf sie selbst zurückfällt.

Im vierten Kapitel des dritten Teils wird in Marthas Bewusstsein der Widerstreit ihrer Gefühle für Albert gezeigt. Ihre Unsicherheit, mit wem Albert sie wohl betrügt und ob sie ihn nicht doch liebt, statt ihn nur zu benutzen, sensibilisiert sie für Selbsterkenntnis. Die Erzählerin lässt im Bewusstseinsstrom von Marthas Assoziationen die Erinnerung an das Bekenntnis der Frau, die abgetrieben hat, auftauchen. In überzeugt klingenden inneren Monolog sagt Martha sich: "Ich hätte es nicht getötet. Nie".

Eine innere Stimme, die jedoch um ihre Schuld weiß, lässt sie erkennen: "Du lügst. Auch du hast dein Kind ermordet." Sie hatte den Trank gemischt und verabreicht, daraufhin war das Kind gestorben. Die Erzählerin lässt den Leser nachvollziehen, wie sich die Erkenntnis ihrer Schuld langsam, aber mit Macht in ihr Bewusstsein drängt. Diese innere Erschütterung durch ihre in den Blick genommene Schuld verschiebt ihre Perspektive mit solcher Wucht, dass sie dem Wahnsinn nahe ist: Sie, die glaubte, alles aus sich heraus beurteilen und entscheiden zu können. Sie, die der festen Überzeugung war, ihren Schmerz ohne Hilfe anderer ertragen zu müssen und zu können, muss nun eingestehen, dass Sie Unrecht getan hat und: Dass sie sich selbst um ein gemeinsames, vielleicht noch glückliches Leben mit ihrem Kind gebracht hat. Der innere Monolog, mit dem der Leser in Marthas Bewusstseinsabläufe versetzt wird, zeigt die Tragik dieser in ihrer Welt verschlossenen Figur:

"Ich dachte: Ursa kann nicht vergessen. Ich dachte: Ursa wird nie wieder heil. Ich dachte: Die Menschen hier wisssen es wohl; Ursa quält sich zu Tode. Ich musste mein Kind so leiden sehen und habe es eingewiegt. Ich dachte: Es war gut. Und nun? Wenn wir irrten? Ärzte und Pflegerinnen sind sterblich, kurzsichtig, machtlos, beschränkt. Ich auch. Wie, wenn das Kind sich erholt? Wenn wir uns alle betrogen? Wenn Ursa dennoch genesen wäre, trotz dieses Furchtbaren wieder genesen ohne mein - meine Tat? Oder mein - Verbrechen? Nein, stammelte sie mit gekrampften Fäusten, nein...nein.!"(S.144)

Die erzählende Instanz wechselt im Anschluss an den inneren Monolog die Perspektive: Martha kommt zur Besinnung. Erzählerin und damit der Leser nehmen einen Beobachterstandpunkt ein. Der letzte Satz des vierten Kapitels im dritten Teil der Erzählung ist eine mitleidlos sezierende Beschreibung der körperlichen Manifestation des Wahnsinns, der in der Figur von Martha zum Ausdruck kommt. Die scheinbare Identifikation der Erzählerin mit ihrer Figur in der Beschreibung ihres Bewusstseinszustandes findet in diesem Satz ein abruptes Ende. Das durch den inneren Monolog und die Beschreibung des sich ankündigenden geistigen Zerfalls der Hauptperson erzeugte Unbehagen findet keine Auflösung.

Erzähltechnisch wird das Unbehagen zu Beginn des nächsten Kapitels aufrechterhalten. "Der Schleier, das durchscheinende Häutchen, das unfühlbar lose" um Albert und Martha hing und "das mit dem dicken, dumpfenden Nebel aus Herbsttagen eben nur den Namen teilte" ist die symbolische Ankündigung für das endgültige Ende ihrer Beziehung. Marthas Rückzug in sich selbst und jede fehlende Reflexion über das, was sie zu wissen glaubte, führt zur Kommunikationsverweigerung gegenüber Albert. Die erzählende Instanz zeigt in kritischer Distanz in diesem Kapitel, wie ihre Figur durch ihre starre Haltung, die nur das eigene Innenleben betrachtet und nicht nach den Gefühlen des Gegenüber fragt, eine vielleicht letzte Chance vergibt, die Beziehung aufrechtzuerhalten.

"Sie blieb im Leeren, im Weiten, taumelnd. Er merkte das nicht. Sie hätte ihm endlich Rede stehn, sich wider ihn auflehnen müssen. Dass sie es scheinbar noch immer verschmähte, stachelte seinen Zorn" (S.147).

Marthas Sprachlosigkeit, ihre Verweigerung, schafft ein Vakuum, das Albert nur noch mit verletzenden Worten füllen kann. Die erzählende Instanz zeigt, wie der erneute Verlust einer Beziehung, eines Menschen, im Bewusstsein der Hauptfigur noch einmal einen Wechsel der Perspektive erzeugt: Die sich als innerer Monolog vollziehende Reflektion Marthas bewirkt, dass sie ihre Haltung und ihr Schweigen in Frage stellt. Martha überwindet in der Verzweiflung diesmal ihre solipsistische Position. Die sich überschlagenden Assoziationen in ihrem Bewusstseinsstrom zeigen jedoch ein Schwinden der Rationalität. Der Zeitpunkt ist überschritten, selbst positiv lenkend in ihr Leben eingreifen zu können.

In einer Episode des Schlusskapitels lässt die Erzählerin ihre Figur den Rückzug in den Subjektivismus emphatisch rechtfertigen. Hier ist allerdings die Perspektive eines kollektiven Ichs gemeint - die Identität als Juden: "Wir müssen nur wieder in uns hineingehn; dahin kann uns keiner verfolgen". Warum gerade zum Schluss die nationalsozialistische Bedrohung thematisiert wird, erscheint unmotiviert. Aber Martha ist Jüdin, und wenn sie auch ihren Glauben nicht praktiziert, so wurde doch ihr Jüdin-Sein von der Erzählerin bisher als ein Teil ihres Selbstverständnisses dargestellt, wie der Titel „Eine jüdische Mutter" impliziert. Die Handlung, die sich bis zu diesem Punkt der Erzählung weitgehend aus der charakterlichen Eigenart der Hauptfigur entwickelt hat, steuert nun mit notwendiger Konsequenz der Katastrophe entgegen.

Die vom Erzähler am Ende des Romans noch eingeflochtene Bedrohung der Existenz der Hauptfigur durch den aufkeimenden Nationalsozialismus erscheint als ein Versuch, die Kausalität für Marthas Charakter auf ihre Fremdartigkeit, Andersartigkeit zu projizieren und den Blick des Lesers damit auch auf die Unausweichlichkeit des Schicksals zu lenken.

Im vorletzten Kapitel wird im Dialog Marthas mit Albert von der Erzählerin dem Leser deutlich vor Augen geführt, dass die Erkenntnis einen anderen Menschen doch zu lieben, lieben zu können, und das Wissen um ihre Schuld, Martha zwingt, aus ihrem selbstgeschaffenen Käfig auszubrechen. Die angelegte Tragik der Handlung nun will es, dass dieser Versuch zu spät kommt. Albert nimmt weder ihre Liebeserklärung an, noch befreit er sie von ihren seelischen Qualen, indem er ihre "Beichte", das Kind getötet zu haben, wenigstens als neutraler Gesprächspartner anhört. Hat Marthas Sprachlosigkeit, ihre Selbstverweigerung ihn nach und nach zurückgestoßen, so kann er nun ihre Umklammerung, diese der inneren Not entspringende Extrovertiertheit, noch weniger ertragen.

Der Leser findet sich im letzten Kapitel des Romans ganz in die Innenperspektive Marthas versetzt. Ihre Apathie, ausgelöst durch den Verlust des letzten, was sie vermeinte im Leben noch zu besitzen - die Liebe zu einem Mann - deckt jede Lebensmotivation zu. In ihrem Bewusstseinsstrom wird erneut die objektive Wirklichkeit ausgeblendet, die Zeit verschiebt sich für sie dahin, als ihr Kind erst fünf Jahre alt war und diese Erinnerung ist die ausschließliche Realität, die für sie existiert und der sie leben kann:

"Es war erst fünf Jahre. Und ihr dünkte nicht wunderbar, gar nicht unglaublich, dass sie es neu umfing. Es war eben da."

Die personale Erzählsituation des Romans bewirkt die meist vorhandene Identität der Seinsbereiche von Erzählerin und Reflektorfigur. Und doch ist an einigen Stellen eine Differenz aufgemacht zwischen Erzählerin und personalem Medium, die eine Wertung erkennen lässt. Erzählerin und Hauptfigur scheinen sich sehr nahe zu sein, denn diese komplexen Bewusstseins- und Seelenzustände kann nur jemand beschreiben, der sie zumindest versteht, wenn nicht selbst erfahren hat. Aber es blitzt immer wieder eine kritische Distanz der Erzählerin zu ihrer Figur auf: So steuert die Handlung vor allem durch den – von der Erzählinstanz durchaus kritisch in Blick genommenen - solipsistischen Standpunkt der Hauptfigur in das tragische Ende. So ist eine durchgängige Identifikation von Erzählerin und personalem Medium nicht gegeben. Inwieweit dennoch autobiographische Elemente der Autorin eine Identität sowohl mit der Reflektorfigur als auch mit der erzählenden Instanz des Romans in Verbindung zu bringen sind, ist durch viele Hinweise im Text zwar nahegelegt, kann aber nicht mit Sicherheit bestätigt werden.